M. C. P. Tiele et la question sumérienne.

Qu'il me soit permis d'ébaucher une parabole champêtre qui se termine, à mon grand regret, d'une manière pareille à Matthieu, xxv, 24.

Trois agriculteurs partirent pour déblayer un champ immense plein de blés magnifiques, conservés sous une couche épaisse de poussières séculaires. D'autres piocheurs se joignirent bientôt aux travailleurs de la première heure. Dès la première récolte, en triant on s'aperçut qu'il y avait deux espèces de blés, l'une plus bariolée que l'autre. Les déblayeurs, suivis de la majorité des piocheurs, vendirent l'espèce bariolée très chèrement sous le nom de blé d'Extrême Orient, en affirmant qu'elle avait été ensemencée avec de la graine du fleuve Amour importée par les Mongols préhistoriques. Un seul piocheur s'avisa de soumettre les deux espèces à une analyse chimique et trouva que la différence apparente n'était due qu'à des causes accidentelles du climat local. On cria au blasphème et, pour faire un exemple, on obligea un des meilleurs piocheurs qui avait accepté le résultat chimique à rétracter solennellement son adhésion. Une aphonie, aussi soudaine que voulue, s'est ensuite chargée d'éviter aux anciens spéculateurs le danger de rendre compte de la qualité de leur marchandise, et plusieurs d'entre eux se sont consacrés depuis à d'autres besognes. Le prix du blé bariolé baissait considérablement au milieu du grand silence, lorsque survinrent les travailleurs de la dernière heure, dans la main desquels la plume remplace avantageusement la pioche du laboureur, la faucille du moissonneur et le crible du trieur. Ils ne font qu'enregistrer les produits pour la statistique agricole, mais ils s'empressent de remettre en honneur l'étiquette discréditée.

Et voici l'interprétation :

Le champ productif est l'assyriologie; les déblayeurs sont Rawlinson, Hincks et M. Jules Oppert; les piocheurs sont les assyriologues qui ont contribué au déchiffrement et à l'intelligence des documents; les blés ordinaires sont les textes sémitiques, les blés bariolés — les textes « sumériens » ; l'étiquette « Extrême Orient », le sumérisme ou accadisme ; le résultat chimique est l'« antisumérisme » ; le piocheur qui penche tantôt vers le chou, tantôt vers la chèvre est un assyriologue universellement connu ; les enregistreurs de la dernière heure qui, pour parler avec l'Évangile (Matthieu, xxv, 25) « moissonnent où ils n'ont point semé et recueillent où ils n'ont rien mis », sont les historiens universalistes qui prétendent pouvoir trancher d'autorité des questions difficiles et infiniment compliquées que les spécialistes eux-mêmes ont de la peine à débrouiller.

Ce n'est pas sans une véritable affliction que je me vois dans l'obligation d'appliquer cette dure parabole à un savant dont j'admire le talent comme penseur et comme écrivain, et dont la courtoisie personnelle ne s'est jamais démentie à mon égard pendant les longues années où j'ai eu la malchance de me trouver en contradiction avec lui sur la question sumérienne. Et cependant, quand on pense que cette fatalité implacable s'appelle « l'amour de la vérité », on entrevoit dans la profondeur de l'amertume même, comme dans la boîte de Pandore, la lueur d'une espérance que les caractères vraiment grands ne se sentent pas offensés par certaines remarques qu'on leur fait malgré soi, dans le pur intérêt de la science.

Nous sommes depuis longtemps déjà divisés sur la question « sumérienne ». M. Tiele, ayant dès le début élaboré ses travaux relatifs à la religion et à l'histoire des Assyro-Babyloniens sur le fond des ouvrages de Sayce et de Lenormant, était naturellement sumériste ; et lorsque l'existence de la langue et du peuple sumériens a été révoquée en doute par moi en raison du caractère idéographique des textes dits « sumériens », M. Tiele, au lieu d'opposer argument à argument, s'est contenté de plaisanter et de trouver ma théorie ridicule. D'après lui, les Assyro-Babyloniens auraient été des fous à lier s'ils avaient inventé un système idéographique si compliqué. Je n'ai pas relevé cette remarque blessante qui touchait en réalité le fondateur de l'antisumérisme. J'avais à ce moment des injures autrement grossières à endurer de la part de certains assyriologues que je voulais faire descendre dans l'arène de la discussion scientifique. Cependant, le temps a fièrement contribué au développement interne comme à la propagation externe de la théorie antisumérienne, qui compte aujourd'hui une dizaine d'adhérents dans le camp des assyriologues, outre un certain nombre d'indécis, qui y arriveront sans aucun doute par une étude plus approfondie. C'est précisément cette évolution lente mais progressive de ma théorie qui inquiète visiblement le savant historien. Dans sa recension de l'ouvrage de M. Morris Jastrow sur la religion de la Babylonie et de l'Assyrie, après en avoir résumé les principales divisions, M. Tiele s'exprime comme il suit[1] :

« A l'égard de la question suméro-accadienne, l'auteur (M. Jastrow) occupe une position particulière, en quelque sorte neutre, bien qu'il incline visiblement plutôt vers la théorie d'Halévy que vers celle d'Oppert, sans nier toutefois entièrement les faiblesses de la première. On ne peut pas lui en vouloir : la question est très difficile et n'est pas encore résolue d'une manière correcte. Peut-être J. même est encore indécis ; et si cela n'était pas, une justification détaillée de sa conviction dans cet écrit aurait demandé trop d'espace. On peut juger là-dessus diversement. Mais quand J. dit que les inscriptions les plus anciennes doivent nécessairement être composées par des Sémites, parce qu'il y a des mots et des constructions sémitiques, je ne puis y attribuer une valeur sans contradiction. Je sais bien qu'il n'est pas le premier ni le seul qui en juge ainsi ; on l'entend toujours à nouveau ; mais cela n'en n'est pas moins faux. On pourrait retourner la chose avec autant, c'est-à-dire avec aussi peu de droit et conclure ceci : Étant donné que les plus anciennes inscriptions ne trahissent qu'une légère influence sémitique et que le vocabulaire et la construction y sont en majorité non-sémitiques, elles ne peuvent avoir été composées que par des Non-Sémites. En d'autres mots : les éléments sémitiques de ces textes prouvent seulement que la population, au temps où ces inscriptions ont été écrites, contenait des éléments sémitiques. Ou bien veut-on dire, parce que dans la littérature néerlandaise de la Belgique se trouvent

1. *Zeitschrift für Assyriologie*, 1899, p. 185-186.

plusieurs mots et constructions empruntés au français, que les auteurs sont des Français ou Wallons ? Et quand on prétend, de plus, que, dans l'état actuel de la question, les juges impartiaux admettent unanimement que toute la littérature babylonienne, même celle qui est écrite en idéographie, hiératique ou sumérien, a été composée par des habitants sémitiques de Mésopotamie et que la culture intellectuelle et la religion des Babyloniens vient des Sémites, alors le recenseur (M. Tiele) doit avouer que pour lui la culture et la religion des Babyloniens ont un caractère composite et qu'il doit persister au point de vue vieilli, jusqu'à ce que des arguments réellement convaincants l'obligent à y renoncer. Mais il veut tout de même concéder que nous ne sommes pas encore en état de décomposer la religion babylonienne dans ses éléments ethniques, et qu'il serait prématuré d'en inaugurer même la tentative[1], bien qu'il soit par exemple convaincu que, au moyen de l'histoire religieuse comparée, l'origine non-sémitique du culte d'Ištar est souverainement vraisemblable[2]. »

Maintenant, M. Tiele me permettra de parler à mon tour avec une entière franchise.

a) Sa caractéristique de l'opinion de l'auteur qu'il annonce ne répond pas à la stricte vérité. M. Jastrow ne « penche pas plus vers l'antisumérisme que vers le sumérisme », il affirme réellement l'origine sémitique du syllabaire cunéiforme, de la littérature, de la religion et de la culture mésopotamienne en général. Il ne laisse ouverte que la question relative à l'existence préhistorique d'un élément ethnique qui put avoir une civilisation embryonnaire absorbée par les Sémites à leur arrivée dans la vallée du Tigre et de l'Euphrate, possibilité que l'on suppose aussi au sujet des civilisations de l'Égypte et de la Chine, lesquelles ne cessent pas pour cela d'être l'une, une civilisation foncièrement égyptienne, l'autre, une civilisation foncièrement chinoise.

M. Jastrow écrit :

1. M. Tiele a cependant exécuté cette tentative à une grande échelle dans ses travaux sur la religion de la Babylonie.

2. Je mets au défi qui que ce soit de prouver cette hypothèse dans l'état actuel de nos connaissances assyriologiques.

« An impartial verdict o. the present state of the problem might be summed up as follows :

1. It is generally admitted that all the literature of Babylonia, including the oldest and even that written in the « ideographic » style, whether we term it « sumero-accadian » or « hieratic », is the work of the Semitic settlers of Mesopotamia.

2. The culture, including the religion of Babylonia, is likewise a semitic production, and since Assyria received its culture from Babylonia, the same remark holds good for entire Mesopotamia.

3. The cuneiforme syllabary is largely Semitic in character. The ideas expressed by the ideographic values of the signs give no evidence of having been produced in non-semitic surroundings and whatever the origin of the system may be, it has been so shaped by the Babylonians, so thoroughly adapted to their purposes, that it is to all practical purposes Semitic.

4. Approched from the theoretical side, there remains, after making full allowance for the semitic elements in the system, a residuum that has not yet found a satisfactory explanation, either by those who favor the non-semitic theory or by those who hold the opposite view.

Pending further light to be thrown upon this question, through the expected additions to our knowledge of the archæology and of the anthropological conditions of ancient prehistoric Mesopotamia, philological research must content itself with an acknowledgment of its inability to reach a conclusion that will appeal to the solution beyond dispute.

5. There is a presumption in favor of assuming a mixture of races in southern Mesopotamia at an early day and a possibility, therefore, that the earliest form of the picture writing in this region, from which the babylonian cuneiforme is derived, may have been *used* by a non-semitic population, and than traces of this are still apparent in the developped system after the important step had been taken, marked by the advance from picture to phonetic writing. »

M. Jastrow conclut en ce qui concerne l'objet principal de son livre :

« The important consideration for our purpose is, that the religious conceptions and practices as the are reflected in the literary sources now at our command, are distinctly babylonian. With this we may rest content, and leaving theories aside, there will be no necessity in an exposition of the religion of the Babylonians and Assyrians to differentiate or to attempt to differentiate between semitic and so called non-semitic elements. Local conditions and the long period covered by the development and history of the religion in question are the factors that suffice to account for the mixted and in many respects complicated phenomena which this religion presents. »

Au chapitre suivant, ayant à parler du pays et du peuple de la Babylonie, M. Jastrow, qui a fait remarquer qu'à côté des types dits non-sémitiques des statues archaïques on trouve des types incontestablement sémitiques, précise son point de vue d'une façon qui ne laisse plus place à aucune équivoque :

« It would seem therefore, that even accepting the hypothesis of a non-semitic type existing in Babylonia at this time, the semitic settlers are just as old as the supposed Sumerians ; and since it is admitted that the language found on those statues and figures contains Semitic construction and Semitic words, it is, to say the lest, hazardous to give the Sumerians the preference over the Semites so far as the period of settlement and origin of the Euphratean culture is concerned. As a matter of fact, we are not warranted in going beyond the statement that all evident points in favour of a population of mixed races in the Euphrates Valley from the earliest period known to us. No positif proof is forthcoming that Sumer and Akkad were ever employed or understood in any other sense than as a geographical terms. »

Ainsi, ni peuple sumérien dans l'histoire, ni langue sumérienne dans la littérature, même quand elle est écrite en idéogrammes. Une race antérieure aux Sémites a probablement existé dans cette région, mais, absorbée ou détruite quelque temps après, elle n'est pas désignée par ie nom de

Sumer et d'Accad, qui est un terme géographique général de la Babylonie de l'époque historique.

C'est intégralement la théorie dont je suis l'auteur et que je défends depuis 1874 où ma première étude sur la question a paru dans le *Journal asiatique*.

Je tiens cependant à relever une erreur regrettable commise, bien involontairement, par M. Jastrow et dont M. Tiele profite pour signaler les « faiblesses » (die Schwächen) de ma thèse. C'est quand, après avoir mentionné le procédé acrologique au moyen duquel j'explique le passage de l'idéographisme en phonétisme, il ajoute : « It is difficult to imagine that, as Halévy's theory demands, that the « ideographic » style, as found chiefly in religious texts, is the deliberate invention of priests in their desire to produce a method of conveying their ideas that would be regarded as a mystery by the laity, and be succesfully concealed from the latter. » Non, cette affirmation a été inventée par mes premiers adversaires qui, ayant truqué une phrase qui avait un sens tout différent, m'ont imputé cette opinion bizarre dans l'intérêt de leur polémique. Du reste, la fausseté en a déjà été signalée il y a dix ans dans ma réponse à M. Oppert (*Revue des études juives*, janvier-mars, 1889, p. 145). Comme cette contre-vérité s'est transmise fidèlement jusqu'à ce jour, on m'excusera de reproduire ci-après ma protestation d'alors, afin de faire cesser cette plaisanterie malhonnête :

« Je n'ai pas dit non plus que le système que j'appelle hiératique serait une cryptographie qui *dissimulerait* la prononciation par des *rébus*. J'ai protesté plusieurs fois contre cette allégation inexacte. Au lieu de *dissimuler*, le rébus *rappelle* et *indique* le mot qu'il *exprime*, quoique parfois d'une façon imparfaite. L'alphabet même est une composition d'idéogrammes et de phonogrammes; ainsi, le mot ברא, « créer », se compose des signes *bêt-rêsh-aleph*, et le rébus, signifiant « maison-tête-bœuf », produit les phonogrammes *ba-ra-'*. Dans l'écriture syllabique des cunéiformes c'est le même procédé qui est mis en pratique, avec cette différence que, par suite du grand nombre des signes, l'emploi du rébus varie presque à l'infini et se complique par des conventions plus ou moins savantes ou subtiles, mais le but du système est toujours l'*expression* du mot et non sa *dissimulation*.

« L'emploi simultané des deux systèmes, hiératique et phonétique, chez les Babyloniens, a son parallèle dans l'emploi de nos chiffres romains ou arabes à côté des nombres exprimés en toutes lettres; seulement ce dualisme scripturaire est chez eux plus étendu que chez nous. Comparer les antisuméristes à ceux qui voudraient considérer la Phèdre de Racine comme une forme cryptographique de la Phèdre de Schiller, est une manière de polémiser par trop facile. Rien ne me serait plus aisé que de m'égayer, de la même façon, aux dépens de mes contradicteurs. Ils ont inventé un peuple sumérien qui n'a jamais existé et ils lui attribuent une langue qui n'a jamais été parlée. On voit les plaisanteries que je pourrais faire sur ce sujet. »

Maintenant il sera utile de faire appel à la mémoire de M. Jastrow au sujet d'un entretien qu'il eut avec moi en 1897 à l'occasion du Congrès des Orientalistes de Paris; M. P. Haupt était de la partie. Tout en dégustant une très bonne bière, nous causions sumérien. M. Jastrow m'ayant fait la remarque que l'idée d'une cryptographie à une aussi large échelle lui paraissait difficile à admettre, j'ai protesté et je l'ai assuré qu'une pareille pensée ne m'est jamais venue à l'esprit et que je soutiens, au contraire, que l'idéographie babylonienne est un système naturel, indispensable et destiné à tout le monde. A ce moment M. P. Haupt, qui est encore sumériste, attesta lui-même le fait comme l'ayant trouvé dans mes écrits sur cette matière. Je crois donc que le passage qui contient l'erreur en cause a été écrit avant cet entretien et que M. J. a oublié de l'effacer plus tard. J'espère qu'il tiendra à cœur de faire cette rectification à la première occasion venue. Il évitera ainsi de contribuer involontairement à la propagation d'une contre-vérité qui peut égarer les jeunes assyriologues.

b) M. Tiele n'est pas assyriologue; il n'a pas le droit d'opposer son *veto* au jugement unanime de toute l'école assyriologique, y compris les suméristes, qui reconnaît l'origine sémitique des textes les plus archaïques découverts jusqu'à ce jour. Cette prétention non justifiée prouve seulement qu'il ne sait pas un mot de la question sumérienne.

Est assyriologue celui qui a manié les textes cunéiformes, qui en a déchiffré ou interprété un certain nombre. Il y a des assyriologues de grande envergure et de proportions plus modestes, comme il y a des bons et des médiocres hellénistes ; mais, étant de la corporation, ils ont une voix au chapitre et leur opinion doit être examinée. Ceux dont aucune production ne prouve qu'ils aient jamais fatigué leur vue sur une tablette ou creusé leur tête pour en dévoiler le sens, et M. Tiele est de ce nombre, peuvent assister au débat en simples curieux, ils n'ont pas le droit au vote et encore moins celui de se donner comme spécialistes. Tout le monde peut lire l'Ancien Testament dans la traduction de Luther, mais se proclamer hébraïsant par cela seul, ce serait usurper un titre auquel on n'a pas droit.

c) Si les suméristes les plus obstinés sont obligés de renvoyer aux brumes préhistoriques les textes entièrement « sumériens », c'est parce que le style, même celui des textes datant de 4000 avant notre ère, ne diffère en rien de celui des textes récents dont les auteurs sont certainement des Sémites. On ne constate nulle part la moindre solution de continuité ni dans la forme graphique, ni dans l'ordre des idées qui sont toujours les mêmes dans les textes idéographiques et dans les textes phonétiques. Enfin, parmi les documents de cette ancienne date, il y en a plusieurs qui sont rédigés en phonétique pur, c'est-à-dire en langue sémitique ordinaire.

M. Tiele ne connaît apparemment pas l'état linguistique des nouvelles découvertes. Il y a beaucoup plus que de rares mots et constructions sémitiques dans ces vieux textes ; tout y révèle le génie babylonien ; dans chaque ligne la moitié des syllabes se reconnaît du premier coup comme dérivant de mots sémitiques usuels ; quant à la construction, elle suit aussi strictement l'ordre sémitique que les écrits plus tardifs.

Prenons, pour illustrer cette vérité, les douze lignes qui terminent l'inscription du roi dont le nom est écrit par les signes *lu-gal-zag-gi-si* et qui a régné vers l'an 4000.

SUMÉRIEN	SÉMITIQUE	TRADUCTION
29. Kalam-e	Kalama	Le pays
30. ki-šag-ga	itti libbi	d'une façon bienveillante
31. igi ha-mu-da-gab	inâ lipti	qu'il regarde;
32. nam-šag-ga	libbuta	la bienveillance
33. mu-tar-ri-ku-a	mukin..?	fixée par lui (aux habitants)
34. šu-na mu-da-ni-ti-e-ne	ina idašunu ilaqû	dans leurs mains ils la recevront;
35. sib sag-ta gal	re'u alik mahri	le pasteur qui se tient à la tête
36. da-er he-me	dâriš lû anaku	éternellement que je sois.
37. nam-ti-la-ni-ku	aṇa balaṭišu	Pour sa vie
38. an-en-lil	(ana) îlu Bel	à (dieu) En-lil
39. lu-gal ki-ag-ni	šarri naramišu	son roi aimé
40. a mu-na-šub	šuata išrukšu	ceci il a consacré.

Dans ces 12 petites lignes qui contiennent 21 mots en tout, l'origine babylonienne s'impose au premier aspect pour les 14 suivants : *kalam* = *kalamu* (r. כל, כלם), « pays, ensemble, univers » ; *ki(n)* = *kinu* (r. כון), « lieu, terre ferme » ; *igi*, « source, œil » (cf. עין) = *iku* (cf. ar. ‏يك‎ٱ, eth. ዐይን, tig. አይን); *nam* = *numu*, « chose, bien » ; *sib* = *asipu* (אסף), « qui réunit le bétail, pasteur » ; *sag* = *shaqu*, « tête, sommet » ; *da-er* = *dâru* (דור), « génération, époque » ; *an* = *anu*, « dieu suprême, Anu » ; *en* = *enu*, « seigneur » (cf. ענה, ענת); *lil* = *lilu*, « certain démon » (לילית); *lu* (abr. de *mu-lu*) = *umulu*, *amelu*, « homme » ; *gal* = *gallu'* (جليل), « grand » ; *shub* (שוב), « tourner, diriger, adresser, donner, consacrer » ; *e-ne*, indice du pluriel = *âni*.

Le génie sémitique apparaît dans les compositions : *igi gab*, « ouvrir les yeux », pour « regarder » = פקח עין; *sag-ta gal*, « qui se tient à la tête », pour « chef, supérieur » = *alik mahri* = בראש (עומד) הולך; *he-me* = *lu anaku*; la construction est celle du babylonien ordinaire, sauf quelques modifications nécessitées par le procédé idéographique et que j'ai expliquées dans mes écrits. L'intelligence des phénomènes que nous ne pouvons pas encore expliquer, se fera à mesure que nous connaîtrons mieux le lexique babylonien.

d) Notre contradicteur est donc mal informé sur la proportion et la nature des éléments sémitiques contenus dans les textes archaïques. Sa comparaison avec les mots français admis en flamand, reste sur la surface. Comme idiome réel, le sumérien aurait été une espèce de patois nègre où les mots babyloniens seraient horriblement altérés et estropiés ; mais dans ce cas même, qui témoignerait d'une pénétration préhistorique du sémitisme dans l'idiome allophyle, comment expliquer le fait que le sumérien n'a pas exercé à son tour une influence analogue sur l'idiome sémitique pour le transformer en un patois de mauvais aloi ? M. Tiele ne s'est évidemment pas posé cette question. Mais le fait demeure néanmoins acquis : tandis que le réputé sumérien, d'une part, est saturé de mots sémitiques remontant jusqu'à l'âge de l'invention de l'écriture, d'autre part, ne dévie de la construction sémitique locale que dans des cas bien déterminés, la langue réelle de la Babylonie, — si l'on excepte une série de mots artificiels, analogues aux compositions modernes : *abécédaire* et *éléments* (*elementa*), dérivés respectivement d'anciennes corruptions des noms des lettres *alpha*, *bêta*, *gamma*, *elle*, *emme*, *enne*, lesquels transformés à leur tour de *alph*, *bêt*, *gamal*, *lamed*, *mêm*, *noun*, — s'est conservée dans une pureté remarquable jusqu'au moment de sa disparition sous les Arsacides, car les groupes « sumériens » qui y figurent à tous les âges, ainsi que le proùvent les compléments phonétiques qui les affectent très souvent, sont, de l'avis de tout le monde, des expressions idéographiques qui doivent être remplacées par les équivalents sémitiques. On n'a qu'à exécuter cette opération exclusivement graphique pour obtenir un texte d'un sémitisme aussi pur qu'une page de la Genèse ou d'un chant des Moᶜallaqas. M. Tiele comprendra-t-il maintenant pourquoi des assyriologues raisonnables qui, pour une raison ou une autre, ne veulent pas rompre en visière avec les suméristes haut placés, prennent le parti extrême de reléguer la civilisation sumérienne « à des milliers d'années avant *Lugal-zag-gi-si* et de retenir comme une *possibilité*, abandonnée au domaine de l'archéologie, qu'au ivᵉ millénaire avant J.-C. la langue et les auteurs de cette civilisation s'étaient déjà complètement fondus dans la masse sémitique ?

e) M. Tiele est un historien de grand mérite. Il sait admirablement combiner les données éparses sur n'importe quel événement pour en faire un tableau harmonieux. Il dessine à la perfection le mouvement tumultueux des peuples et des races, le choc des armées rivales; décrit les champs des batailles; juge avec une grande finesse la valeur des bulletins de victoire perpétués sur la pierre, sur des feuilles volantes de papyrus ou sur les tablettes d'argile. Il s'entend à raviver ces scènes d'un esprit de critique positive qui manque parfois à certains « historiens de génie » qui créent d'avance un cadre fictif pour y classer les races humaines d'après des dispositions natives condamnées à la plus fatale immuabilité. Son histoire de l'Assyrie et de la Babylonie repose entièrement sur les textes traduits par les assyriologues, et cependant, les assyriologues eux-mêmes la consultent avec intérêt et profit comme on consulte un bon livre de botanique après avoir contemplé avec admiration les plantes singulières dans un vaste parterre. Pourquoi faut-il qu'en ce qui concerne le rôle de l'élément réputé non-sémitique de ces contrées, M. Tiele ait accepté de pure complaisance et sans une notable rectification, les opinions de prédécesseurs qui n'étaient que des épigraphistes? S'il avait voulu faire usage de son sain jugement habituel dans cette partie de l'histoire euphratique, fort de ses expériences de l'histoire comparée des autres peuples du globe, il aurait dit aux petits *historisants* sumérologues : « Assez, messieurs, vous divaguez! »

« Vous concluez des doubles formes des noms propres—je ne m'occupe pas des textes mêmes — que la Babylonie contenait simultanément deux peuples qui ont donné aux hommes et aux choses des noms tirés de leur langue. Je vois d'autre part que Ninive, la capitale du pays exclusivement sémitique d'Assyrie, s'écrit tantôt *ni-nu-a*, tantôt *e-ha*, pouvez-vous soutenir qu'à côté des Sémites il y avait aussi des « Sumériens » en Assyrie?

« Il y a plus, les rois assyriens ont presque toujours leurs noms écrits en sumérien; un d'entre eux, Asarhaddon, porte constamment dans les textes cunéiformes le nom de *an-shar-shish-mu* qui a le même sens que la forme sémitique et historique. Prétendrez-vous que ces rois sémites ont fait traduire leurs noms en une langue étrangère pour s'en pavaner? Ce serait vraiment une œuvre de fous. La folie n'est pas moindre en ce qui concerne le dualisme des noms propres babyloniens. Ceux-ci devaient avoir institué de fameuses agences de traduction, pour que chaque enfant nouveau-né, noble ou roturier, pût recevoir deux noms équivalents, l'un en sémitique, l'autre en sumérien. Je ne vous parle même pas de la difficulté de l'exécution ; comme historien je trouve que ces sortes d'agences n'ont existé dans aucun autre pays à population mixte et il m'est impossible de l'admettre en Babylonie.

« Vous n'êtes pas au bout de vos peines, messieurs les sumérologues. Vous parlez couramment de dynasties sumériennes interrompues par des dynasties appartenant à la race conquérante des Sémites; comment les distinguez-vous? Ne dites-vous pas que les Sémites portaient, eux aussi, un nom sumérien chacun? L'histoire babylonienne enregistre souvent des changements de dynasties par suite d'invasions étrangères. Nous savons que les Susiens, les Kaššites, les Assyriens, les Chaldéens ont souvent réussi à supplanter les dynasties indigènes et à maintenir plus ou moins longtemps leur hégémonie sur le pays, mais on ne trouve dans vos traductions aucune trace de guerres et de rivalités dynastiques entre Sémites et Sumériens. Voudrez-vous nous faire croire que la chose s'est faite à l'amiable, sans trouble ni commotion, de façon que cela ne valait pas la peine qu'on en parlât? Pauvres historiens que vous êtes ! L'expérience aurait pu vous apprendre que celui qui veut détrôner un roi ne lui dit pas : Permettez, Sire, vous et les vôtres occupez trop longtemps le trône ; maintenant, ôtez-vous de là pour que moi et les miens nous y asseyions aussi pendant quelques générations. L'expérience vous aurait appris également que le monarque qui entend un tel discours, loin de répondre : « Volontiers, cher ami, je descends du trône tout de suite, montez-y, s'il vous plaît », fait trancher la tête de son poli rival et étouffe la révolte en massacrant par centaines et par milliers les partisans de son concurrent. Si de pareils événements sont soigneusement notés dans les chroniques locales à propos des chassés-croisés qui se sont produits entre les dynastes voisins de la même race, comment n'auraient-elles pas enregistré les troubles et les changements amenés par l'arrivée violente au gouvernement d'une race étrangère ? Donc, si les annales babyloniennes gardent le silence le plus absolu sur des compétitions politiques entre Sémites et Sumériens, il faut logiquement conclure que ces derniers n'ont pas existé en Babylonie, du moins à l'époque historique où ce pays était déjà occupé par une population sémitique. »

Voilà ce que M. Tiele aurait pu dire aux sumérologues de la première heure. Son prestige de penseur et d'historien aurait, sans aucun doute, fait réfléchir ces épigraphistes aux erreurs ethnologiques qu'ils étaient en voie de propager. Au lieu de cela, il a simplement emboîté le pas derrière eux et mis au service de la mauvaise cause sa verve et son autorité, et, quand les suméristes, chassés de position en position par leurs adversaires, sont obligés de se réfugier dans les brumes préhistoriques en désespoir de cause, il reste seul sur l'ancien champ de bataille abandonné et, sans même essayer de fortifier sa cause par des arguments nouveaux et de son cru, il continue de parler de Sumériens, auteurs de textes cunéiformes, et semble même tout glorieux de se trouver seul sur la brèche ! Il lui est arrivé ce qui ne manque jamais d'arriver à celui qui dédaigne trop ses adversaires. Le brave mais trop candide Samson en a fait l'expérience après qu'il eut perdu sa chevelure magique par la main de son infidèle compagne. Il eut beau pousser son cri tonnant : « Me voici, Philistins ! », les Philistins ne se laissèrent plus intimider.

J. HALÉVY.

Paris. — Imprimerie G. Maurin, 71, rue de Rennes.

9 782019 913854